LUCYE RAYE

L 'étrange MER

L' exotique femme Mère

Poésies romantisées

BLURB

Sommaire

Prologue

En peignant des tableaux d'une vie d'artiste grâce à l' art poétique,

le poète est en quête de trouver sa voie vers la transcendance

pour sublimer sur son océan de mots ...Trois

recueils pour cette anthologie romantisée (romantique, idéalisée)

qui comblera le lecteur ...Un infini poème avec l'effet d'Elle ..

.L'étrange Mer ou l'exotique femme mère .

Des poésies sensuelles

Pour un EFFET D'ELLE !

Écrits voluptueux voguent sur la devanture

De cet océan pur

Pour proclamer l'amour sans blessures...

BONNE LECTURE .

La poétesse LUCYE RAYE

PRÉLUDE

Nature morte.

Une poésie , aucune rime

N'existe qu'un pinceau

Avec des vestiges de peinture

Peindre un tableau

D'une nature morte ...

Je ne mange plus

Je me nourris de ton corps

Je ne bois plus

Je me désaltère à ta bouche

Je ne dors plus

Je m'assoupis dans tes bras

Je ne respire plus

Tu es mon souffle

Je ne vis plus

Tu es ma vie

Cet Amour tient le fil de mon temps

Et pourtant :

Il n'est plus là

Ma plume a pris sa place

Elle est devenue LUI

Elle succombe à ses maux

Plein le cerveau

Une souffrance de mots

Qui glace son sang

Brise ses veines

Ses artères subissent les assauts

Pour crier à ses encres noircies

VIS.

Mais ....Je ne suis plus Moi

Tu t'es réincarné en   Moi

Je suis devenue TOI

Nous ne sommes plus qu'un

Tu m'as redonnée ton âme

Vivre comme une Vraie Femme .

Mes écrits sont volages

Mes nuits de mauves

Réclament les fauves

Je sors la nuit

Je danse jusqu'au petit matin

Je ris dans la rue

Et là dans mon lit je suis nue ...

Mon amour est mort

Un soleil sans rayon

L'aurore sans aube

Nuit sans lune

Mes encres s'évaporent

Je rêve sans lui ...

LUCYE RAYE 6 janvier 2018

Ma vie est un
poème...
Ne saute aucun
chapitre et continue à
tourner les pages...
Tôt ou tard ,tu
comprendras pourquoi
chaque recueil était

nécessaire .
La poétesse
LUCYE RAYE

Mot de l'auteure :

Ce roman idéalisé par les effets de la mer fusionne avec '

L'Effet d'Elle :

Neuf poésies inédites décorent l'ensemble des chapitres de neuve par leur nouveauté , leur originalité et attirent la curiosité !

Poétiquement vôtre !

LUCYE RAYE

Premier Recueil

Infini poème

7 poésies (3 inédites)

RECUEIL 1

Je n'existe plus ...   (inédit)

Ciel noir par dessus les toits

Le bleu s'est laissé envahir de mon MOI

Même la mer a égaré ma foi

En ce jour de requiem

Le gris a avalé mes M

Je n'existe plus

Un réveillon de plus

Silence et solitude

Sont devenus mes habitudes ...

Les nuages sont mes amis

Mon COEUR est de pluie

Un anniversaire sans bruit

L'exotique femme déambule sur sa poésie

Des années ,elle a oublié de vivre sans LUI

Le temps a capturé les beaux fruits

J'ai perdu mon homme

Je n'existe plus sans la pomme

Je vis autrement avec mes psaumes .

Le firmament a volé les couleurs

Le couchant n'a plus les mêmes saveurs

Mon regard fuit parce qu'il a peur !

LUCYE RAYE 30/12/2017

Les yeux de la mer. (inédit)

La mer me fait un clin d'œil à l'orée de ce recueil , elle me susurre tout bas , elle me cause :

"Demain: c' est encore si loin mais quand le soleil va poindre , serre tes poings ! N'aie plus peur , même si le ciel t'envoie des couronnes d'épines ,elles ne te blesseront pas car ton amour est absolu !"

Les yeux de la mer clignotent et les vagues d'argent se meurent à mes pieds :

Je suis toute émue devant cette étrange mer ...

31/12/2017

UNION de lumières . (inédit)

Il ne fait jamais nuit noire en cette période ,
ma terre est un feu d'espoir !

Ciel ,terre et mer ont gommé mes encres amères.

En cette nuit de pleine lune , la bouleversante mer est brillante d'argent et les
lumières de ma ville s'unissent à leurs yeux pour éclairer mon CŒUR qui fond
d'ennui ! Mais ma muse transcende jusqu'à elles pour que mon âme se calme . Leur
union est tellement fascinante ,lune et mer se sont mariées dans le plus grand
silence ! L'homme était occupé à faire exploser les feux d'artifice du nouvel an
alors que la nature est déjà un spectacle : Filles de la lune en étoiles filantes
disparaissent dans les houles à l'horizon : Personne se sait où elles vont .

C'est un univers où le panorama berce ma vie de mille joies !

LUCYE RAYE 1 janvier 2018

Chant de nos saisons .

*Printemps -Moi **

*Été -Toi ***

*Automne -Nous ***

Hiver -Moi ! Amour acajou...*

Le chant du temps

Ne dure qu'un instant

Mais notre amour très longtemps :

C'est une fleur

Épanouissante de bonheur

Qu'importe la saison

De magnifiques floraisons !

Mon regard émerveillé vers le ciel

Couronne de baies rouges en magie de NOËL

A l'aube de la nouvelle année

Tu supportes le froid et moi l'été

Notre amour est résistant

Comme cette haie de genévriers persistants

Je t'envoie les flammes de mes flamboyants

Contre les embruns et le vent

Tu es mon printemps ! Renouvelle -Moi

Bourgeonne -moi !

Je serai ton arbre en renouveau

Tu seras le faîte très haut !

Je suis ton été ! Éclaire -toi ,

Ensoleille-toi !

Je serai tes rayons

Notre amour très chaud en tourbillon !

En automne ! Effeuillons -Nous

Nos feuilles jauniront avec les houx

Ils rougiront pendant que nous

On s'aimera à genoux ou debout !

Ô , tu es ce froid de l'hiver ! Hiberne -Moi

Réchauffe-moi

Serre -moi encore plus fort contre toi

Nos saisons   vieilliront sous notre toit !

LUCYE RAYE 26 décembre 2017

*** Expressions de LUCYE RAYE

Laves bleues de floraison .

Femme aux mille emblèmes

Ma vie est une floraison de poèmes

Toujours parfumés de beauté

Nature et amour emmêlés .

Douleur et souffrance

Par des maux en errance

Quatrains de mots en balance

Désert sans oasis en vigilance

Une sève mouillée de larmes de pluie

Le temps s'est épris de folie

Et des bourgeons se sont renouvelés

Arbres et fleurs se sont embrassés .

Un ouvrage de chênes majestueux

Les branches s'entrecroisent jusqu'aux cieux

Racines et troncs très résistants

Une union sur les sentiers verdoyants !

Un mariage de romance en labeur

Que des feuilles de diadème de bonheur !

Elles tourbillonnent avec les yeux du vent

Et s'étalent jusqu'à l'océan

Elles se lisent comme un roman près d'un rivage

Aucun ennui du sommaire aux mille pages

On n'est qu'au prologue

Mon essence ,une ballade sans épilogue ...

TOI qui lis ce passage

Continue à mettre ton marque page

Chaque lettre de l'existence est nécessaire

Même si les vagues sont amères .

Mon destin est une mélodie

Qui se chante à l'infini

Avec des milliards de thèmes

Doux , houleux en volcan de bohème

Quand va poindre le dernier soupir très blême

En reviviscence sur la pierre en requiem

Laves bleues exploseront en chrysanthèmes.

LUCYE RAYE 29/12/2017

U

UNION de lumières .

1 janvier 2018

Deuxième recueil

Effet d'elle

Chapitre 1

Bleu

Sirène d'écriture

Liberté

Chapitre 2

E

Effet d'Elle

RECUEIL 2

CHAPITRE 1

Bleu

BLEU..........................BLEU................................BLEU

*"Le **CŒUR** n'a jamais de rides : il n'a que des cicatrices".**

Les cicatrices s'effacent avec le temps

et les rides se creusent en sillons ..

Le mur de mots de la poétesse souhaite que le lecteur nage dans le bonheur et que

les sillons et les cicatrices s'évaporent dans un nuage magique .

Ma muse s'est réveillée de bleu

Pour le plaisir de vos yeux.

Mon mur de mots bleus

Orné de nuages dans un ciel bleu

Des vols de pailles en queue

Un jardin de fleurs bleues

Un lagon vert émeraude reste bleu

Pour la femme habillée de son paréo bleu.

Elle court pieds nus sur cette plage

Ses larmes sur son visage...

"Les larmes en disent plus long que les mots car elles ne peuvent mentir."*

Son amour est déjà au large

Dans cette barge!

Adieu

Adieu

Ses pleurs dans ses yeux

Elle chante les mots bleus.

Lui , balance son foulard bleu

Au gré du vent sur cette mer bleue.

Mais l'horizon cache ses sentiments

Amour dans le vent!

Il pleure aussi sa belle

Il rêvera d'Elle

Et dans des messages virtuels

Des mots bleus

S'envoleront avec les pailles en queue.

Bleu

Comme ses yeux

Bleu

Comme ce ciel transparent

Nuages dormant

Soleil réveillé

Fait un clin d'œil enjolivé.

Et la Bella se laisse transporter...

Dans cette lumière.

Sa muse évoque des prières!

Le bleu de l'arc-en -ciel

 A rejoint les abeilles

Sur ses fleurs bleues

Jardins colorés: jaunes , rouges et bleus

Plaisir des yeux

Don de Dieu.

Ce bleu d'arc en ciel

A butiné ses pollens

Amour de laine

A transformé ses pleurs en miel

Le BEAU et sa BELLA

Se retrouveront là-bas ...

Amour bleu ...

Avec mon mur de mots bleus.

BLEU et VERT confondus

L'horizon s'est tu!

Des milliers d'oiseaux ont pris leur envol

Pour rejoindre le sol

Dans cette île majestueuse

Sa Bella est heureuse ...

S'habiller de BLEU

VŒU pieux

Jusqu'au retour de son amoureux

Chants d'allégresse

A la messe

Elle prie la Madone habillée

De blanc et de bleu: un amour est né!

Bleu

Comme le ciel bleu

La mer ouvre les horizons ..

Sagesse dans l'accession

Bleu turquoise ,bleu cyan, bleu pâle ,bleu foncé

Rêve, sagesse, sérénité

Calme intérieur: vérité

Écho de la vie: découverte ,voyage

Qu'importe les âges!

Bleu pur rafraîchissant : Eau limpide ...

COULEUR DE L 'AIR VIDE

CALME ABSOLU : PAIX

COULEUR DE LA PENSÉE

HAUTEUR et PROFONDEUR

Des nuances : plus de fraîcheur...

Cette main invisible pas de fer mais de velours

Conduit BELLA dans cette forêt: pas d'ours.

Arbres de forêts primaires

Orchidées, fougères ...

Vert émeraude: Mousse odorante

Ses yeux se promènent sur cette menthe

Elle ne piétine pas: à pas de loup

Elle ne subit pas le joug:

Elle se faufile entre les lierres ...

 Saute de pierre en pierre

Elle rejoint ce sentier

Paix

Douceur

Bonheur...

Le chant des cascades dans le bloc rocheux

Calme sa peur bleue.

Le bleu du ciel, nuages magiques

Font un salut à cette muse féerique..

Nagez dans cet espace de mots bleus

Rejoignez la sirène: soyez heureux

Dans du BLEU.

Poétiquement vôtre LUCYE RAYE (texte écrit le 19/03/2015)

Sirène d'écriture

Vogue sur la devanture

De cet océan pur

Pour proclamer l'amour sans blessure....

TRAVERSER cet océan

S'échouer SUR UN ÎLOT

Proche du néant ...

Et mes écrits traverseront le temps !

Luminescence

Magnificence

Mon corps est devenu lancinant !

Mon rêve de vue ... Hallucinant !

Ma faiblesse extérieure

Balayée par ma force intérieure.

MA Force lumineuse se confond avec l'azur fluorescent de la mer des tropiques :

Bouleversée par ce panorama MAGNIFIQUE ...

Ma vision de vue transparente

Terre et mer phosphorescentes

Mes visions :

Illusions

Évocations

Intuitions

Apparitions

Révélations

Hallucinations

Chimères de vie extraordinaires

Dans cette lumière.

Ma vie : un mirage interplanétaire ....

CONSCIENCE

Je n'ai plus de problème de conscience

Ma vie prend un virage vers les sciences :

Occultes ou mathématiques

Il y a de la logique,

Mon ciel astral

M'indique le chemin final :

Mon âme est pure

La lumière de la sirène d'écriture

Éblouit ce tableau

Griffonné de mots

Ma doctrine épicurienne

Veut vous faire sienne !

Poésie sensuelle

Pour un EFFET D'ELLE !

Écrits voluptueux

Vous conduisent vers les cieux !

Ma conscience : oh ! Mon DIEU !

M'empêche de me libérer

M'emprisonne à tout jamais !

Mais mon inconscience lutte contre ses démons

La femme libérée ne veut plus écouter les sermons !

Vivre une vie en rose

Écrire des poésies : et crier J'OSE !

Revenir à mes nuits fauves

Mais pas de mauves !

L'art poétique fait partie de ma vie d'artiste :je suis toujours en quête de trouver ma voie vers la transcendance pour sublimer sur mon océan de mots ..Mon mur de mots ..

Ma Liberté .

Ma liberté

Là-bas !

Méditation transcendantale

Danse de salon ou médiévale

De l'écriture de rimes ou prose

J'ose !

Ma vie prend un autre détour

Je vais faire un petit tour

Mais ne pas être au four !

Ma transcendance me mènera là-bas !

Où j'irai, tu iras ...

Venise, Capri ou Cuba

Et on dansera la salsa ...

Là-bas !

Je marquerai nos pas sur le sable fin

Je crierai nos effusions sans fin.

Là-bas !

Je partagerai mes écritures même en latin

Je mangerai du pain

Même si je n'ai pas faim .

Là-bas !

Je ferai l'amour car tu me rejoindras

Là-bas !

Ma vie va prendre un autre chemin

Une vie inconnue enfin !

J'écrirai des mots d'amour sur la plage

On verra l'AMOUR sur nos visages.

Là-bas !

Je dessinerai ton nom

Je taguerai ton prénom

Je vivrai une vie sans prête nom !

Là-bas ...

Je traverserai les mers et les océans

Pour vivre cet amour d'antan !

Je nagerai dans des flots survoltés

Une mer enragée

Pour te crier :

Liberté...

Je t'offrirai des prismes d'argent

Reflets de diamant

Sur une mer d'aimant

Car là-bas ! Nous, les amants

On sera les rois

On fera notre loi.

Là-bas !

Notre liberté n'aura pas de prix

On s'aimera jusqu'à la lie !

On fera des feuilles de cocotiers notre lit !

Là-bas !

Ma transcendance me conduira vers toi

Ou toi vers moi !

Là-bas !

Notre liberté

Fera de nous des amants recherchés.

Ma liberté : enfin retrouvée…

Tempête .

Eau , vent et vagues s'embrassent ,

Ils s'enlacent :

Des étreintes fougueuses .

Ce cirque d'eau ne dort plus

Des vagues rageuses .

Cocotiers et filaos me saluent ,

Le cirque d'eau est réveillé

Comme mon volcan rallumé .

Tempête sur cet atoll

A la Réunion

Volcan en éruption .

Le monde a pris son envol .

Tout est déluge ,

La mer se purge .

Eau ,vent et vagues s'embrassent

La nature s'enlace.

Des baisers invisibles

Des coups imprévisibles ,

Le monde est en colère :

J'espère précaire .

Deux îles en crise

Une de rouge

L'autre de grise .

Là bas ,des laves dévorent les forêts

Ici ,la mer avale les galets .

Ici , le vent hurle d'ivresse

Là bas , éruption crie sa joie .

Tempête de détresse .

Eau , vent et vagues s'enivrent

Cet atoll est ivre .

Et mon île est rouge de sang

Laves de flamboyant .

Eau , vent et vagues s'embrassent

Ce cirque d'eau m'enlace .

Mes rêves se balancent

De mon île à l'autre

Je m'endors dans les bras de l'autre .

Là bas , la Fournaise

Prend ses aises

Ici , la tempête

Fait la fête .

Une fête d'ivresse

Mais tempête de détresse .

La mer est ivre

Même les filaos sont ivres :

Ils s'embrassent

Eau ,vent et vagues s'enlacent .

Texte écrit sur un atoll en Polynésie en 2009

CŒUR à NU

Fortement les vagues tapent

Tapent et tapent

Encore sur cette plage;

Plus de rivage

Que des mirages .

Plus de flux

Ni de reflux

Que des vagues à lames

Comme mon âme :

Des lames tourbillonnantes

Des vagues coupantes !

Plus de plage ,

Plus de rivage

Que des mirages !

Une mer démontée

Mon âme remontée

Une amitié est née :

Mon CŒUR a été mis à nu

Mon corps n'a pas été nu .

Des secrets de deux inconnus

Marchant pieds nus

Dans ce jardin inondé

Cheveux mouillés

Pluie dans les yeux

Deux CŒURS heureux :

Plus de secrets

Une amitié est née .

Mon âme est remontée .

Sur cette plage désertique

Paroles , que des paroles :

Sur cette plage romantique

Ce n'est qu'un jeu de rôle .

Nos CŒURS mis à nus

Secrets disparus ...

Nos corps ont résisté

À ne pas être nus :

Mon CŒUR a été mis à nu

Et puis ... tu as disparu !

Ô flamme , ta lumière m'enflamme

Ô lumière , tes rayons m'aveuglent

Ô rayons enivrent mon âme

Mon âme aveugle .

Plus de bleue ,ni de vert émeraude

C'est cette âme qui rôde

Sur cette mer presque noire :

La houle dans le soir

Est devenue effrayante :

C'est une nuit aveuglante .

 Un CŒUR asséché ,

Un CŒUR rouge de sang

Un CŒUR résigné

Un CŒUR criant !

Ce CŒUR mis à nu

CŒUR de roses disparues

Ce CŒUR qui souffre

A besoin de souffle

Pour des palpitations .

Et des respirations .

Reprendre vie

Et crier : je vis .

CŒUR AMER

Comme cette mer

Houleuse

Fonceuse

Où les battements des vagues sur ce rivage

Refont battre mon CŒUR rempli de rage ,

Un CŒUR mis à nu

Et crier : je revis .

Liberté sur mon océan, c'est d'avoir la liberté d'écrire ! Même si les mots s'évaporent dans la nature, les falaises se fissurent , ma liberté continue d'être .

Liberté...Encore , encore et encore ,je te dirai tu me manques ...

JE VEUX CRIER ... JE VEUX TAPER SUR CET ARBRE GEANT Devant mes yeux, on dirait que cet arbre touche ce ciel de mille couleurs , cette lune qui m'éclaire ,

les nuages colorés, ses îles assombries au loin que je devine par ce clair de lune...

JE TE DIS QUE TU ME MANQUES...Plein d'humour ,tu me réponds dans ce

*téléphone sans fil, ce vini * d'un nouveau siècle :*

- Pas de destruction sur la voie publique .

Pauvre petit poing que le mien... Je saignerai ma main mais la sève dans cet arbre

sans âge continuera à couler malgré mes cris , cet arbre touchera le ciel dans mille

ans et mon corps aura disparu dans cette éternité...

Tel un oiseau des îles , je m'envolerai d'îles en îles , et ma lumière

phosphorescente cherchera les anges..

Luminescence ,

Liberté

Apparence

Méditation

Résurrection

Tu m'apparais

Nu !

Et moi à moitié dénudée,

Je t'ouvre mes bras,

Je me serre tout contre toi

Et tout là-haut ,

Dans les branches de cet arbre géant

Invisibles

Tu m'aimes fortement

Agréablement

Indivisibles...

Nos corps ne font plus qu'un...

Liberté

Vérité

Deux amants en luminescence.

AMOUR VOLCAN

Nos jeux amoureux

Sont dangereux

Mais notre passion fait que nous ne voyons plus les autres

On vit au rythme de l'un et de l'autre .

Et notre éloignement ne tarit pas notre passion,

Au contraire elle s'enflamme par nos expressions.

Amour volcan en éruption.

Est ce que ce feu va se propager?

Où va--t-il s'arrêter?

Feu satanique

Passion maléfique

Amour volcanique

Jeu bienfaisant

Feu rougeoyant

Passion volcanique

Cette éruption ne va pas s'éteindre,

La cheminée ne fait que geindre.

Les laves se propagent ,

Nos corps sont en nage.

Amour : éruption imminente.

Par tes caresses douces et lentes.

Notre flamme amoureuse

Deux flammes en une seule

Nos corps enflammés

Nos cœurs aimés

Ne font plus qu'un.

La lave qui jaillit de moi

Ne te brûle pas

La lave qui jaillit de toi

Ne faiblit pas.

De cet amour volcan

Si palpitant

Jaillira de nos cœurs saignant

Un amour de laves de sang

Rougeoyant....Et flamboyant....

Amour virtuel

Tu étais là , avec moi

J'étais avec toi.

Amour par téléphone

Amour par interphone

Que des paroles caressantes !

Que des paroles attendrissantes !

Nos corps en fusion

N 'attendaient que cette éruption.

Le volcan n'est jamais éteint

Et toi ,tu caresses mes seins

Le cratère bouillonne.

Les paroles fusionnent

Et tout explose.

J'ose ...

Et toi aussi tu oses....

Cris insensés,

Orgasme explosé,

Jouissance osée

Dans ce vini*

Je crie

Tu dis : oui

Vas y .

Nos paroles explosent:

Jouissance intense

On est en transe

Mais , il faut raccrocher

On a eu le temps de s'aimer

Dans ce téléphone sans fil ,

Notre amour ne tient pas qu'à un fil.

Tu as su éteindre ce volcan

Mais jusqu'à quand.

AMOUR CYCLONE

Cyclonique ce temps

Pluie diluvienne et vent

Mais pas de cyclone annoncé

Pas de dépression à la télé.

C'est mon âme qui est cyclone

C'est mon corps qui n'a plus de trône

Tu es devenu mon clône.

AMOUR CYCLONE

Mon corps est un déluge

Mon esprit a besoin d'une purge.

Et , toi si loin ,tu n'y peux rien.

Ce cyclone sera baptisé :

Ange ou démon : je vais le nommer

De ton nom .

Amour! Quel beau prénom !

Cyclone amour

Amour cyclone.

Esprit dépressionnaire

Âme du tonnerre

Mon cœur : un vent dévastateur,

Mon corps : une pluie diluvienne :

Je veux que mes larmes me reviennent,

Mes yeux me refusent ce bien-être.

Ce cyclone à l'intérieur de tout mon être

*Est bien plus fort que Jenny ***

Cyclone destructeur de mon île.

Et ici sur cette petite île:

Le génie de l'amour m'a fait cyclone

Et toi tu es devenu mon clone.

Mon amour cyclone.

CHAPITRE 2

Effet d'Elle !

Avoir l'effet d'Elle

Est-ce la mer

Ou la femme mère ?

Elles ouvrent leurs ailes .

EFFET D'ELLE....

Une vie impossible

Les gens ont une vie difficile

Catastrophes naturelles

C'est l'effet d'ELLE....

Qui ELLE ?

La planète qui tourne à l'envers,

Une femme qui marche de travers,

PLUIE TORRENTIELLE

FEMME EXCEPTIONNELLE

Effet d'ELLE !

ELLE !

Mettre des ailes

S'envoler et se poser près d'ELLE...

Fermer les yeux

Être heureux !

Mais nos yeux restent ouverts

Sur notre monde bleu devenu vert!

La pauvreté

L'obésité !

Pays riches deviennent pauvres !

Pays pauvres

Soulèvent des montagnes

Font danser leur pagne !

Avoir l'effet d'ELLE....

Mais qui ELLE ?

Qui est - ELLE ?

Une flamme étincelante

Une âme brillante

Une lune dans un ciel étoilé

Ce n'est qu'une femme âgée

Qui fait cet effet....

ELLE...EFFET D'ELLE

Le vol des hirondelles

Continue l'effet d'ELLE.

Les ailes fermées sur ce dos nu

S'OUVRIRONT

S'envoleront

Vers un pays inconnu.

L'effet d'ELLE

Est ici. ....ELLE ?

LA CRISE ?

Elle a bon dos la crise !

LA NATION ?

On joue AVEC la démocratisation !

Elle veut la solidarité !

Ne plus être athée !

L'effet d'ELLE !

Elle....

La religion ?

Des actes de contrition !

Rejeter la perdition !

Demander PARDON.

L'effet d'ELLE

Rejoindre les hirondelles

S'envoler tout là-haut

C'est beau !

Elle veut votre bonheur !

Il est l'heure

De remonter la pendule

Ne soyez pas crédule !

Pour vous ressourcer

Et vous libérer .

QUI EST- ELLE ?

La beauté

La volupté

La sensualité

La féminité

ELLE :

La femme au pluriel

Recherche la parité

Sans parier

Ne pas être au singulier

Une homogénéité parfaite

Une fraternité bien faite

Elle ....créer un monde AU féminin

Se mixer avec le masculin...

IL...ET ...ELLE ne feront plus qu'un !

L'effet d'ELLE

Une baguette magique

Dans un monde féerique !

C'est le rêve d'ELLE….

LE RÊVE D'EUX

POUR NE PAS PÉRIR MALHEUREUX….

Faire confiance en ELLE…

Pour vous ressourcer

Et vous libérer

QUI EST- ELLE ?

ET AVOIR SON EFFET D'ELLE…

EFFET D'ELLE

Elle : une maman chérie

L'amour maternel n'a pas de prix !

Perdre son enfant

N'a pas de nom !

Perdre ses parents : ORPHELINS...

Perdre son époux (se) : veuf (ve) ...

Et demain ?

C'est presque malsain !

Faire un deuil !

Les larmes que l'on cueille

ET AVOIR SON EFFET D'ELLE... ... ...

S'estomperont sur les abeilles !

ELLE

UNE FLEUR TOUTE BELLE

Épanouie pour accueillir les abeilles

Pour évacuer les pleurs transformés en miel

Car l'effet d'ELLE

Refuse le goût amer du fiel !

Le pleur d'une guitare

Devient rare !

Les quartiers n'ont plus les sons des cloches !

La vie est devenue moche !

Et c'est là qu'on a besoin de l'effet d'ELLE

ELLE

Et vous libérer

QUI EST- ELLE ?

ELLE...

EFFET D'ELLE

ELLE

L'odeur d'une rose

Pour voir la vie en rose !

La cloche qui sonne pour annoncer la messe

Dans l'allégresse !

La chanson d'un enfant

Pour fêter sa maman !

L'effet d'ELLE...à tout moment

Dans tous les instants !

ELLE ...LA BELLE ....INCONNUE....

Unie à LUI

Pour la vie .

CE FUT HIER... ELLE A FAIT DE L'EFFET SUR LUI.

Effet d'ELLE.

La cigogne a consolidé cette union ...

ELLE ...UNION...

A La

L'effet d'elle a disparu

Un certain matin : nu

Il a rejoint le monde inconnu...

LA BELLE INCONNUE

A repris son effet d'ELLE

Sur ses enfants

Esseulés et orphelins DE père.

Effet d'ELLE ! Effet d'ailes !

Déployons nos ailes

Survolons

Voltigeons

Les montagnes, les dunes

Soyons à la UNE...

Donnons cet effet d'ELLE

Au monde entier ! ELLE !

Onde positive

Refusez les ondes négatives

EFFET D'ELLE...

Protection

Bénédiction

Vivons en harmonie :

ELLE : c'est LA VIE.

L'effet de la vie…………………….....

Tout simplement …

PRENEZ DU TEMPS : REGARDEZ le soleil, la lune, le ciel étoilé ou nuageux, le vol d'un papillon ,écoutez le chant des oiseaux au réveil, les cris des enfants, le bruit de la pluie, les orages dans le lointain ! Parlez à vos voisins , à votre enfant, à votre conjoint, à vos amis …

Troisième recueil

MER ou FEMME Mère

(7 poésies dont 4 inédites)

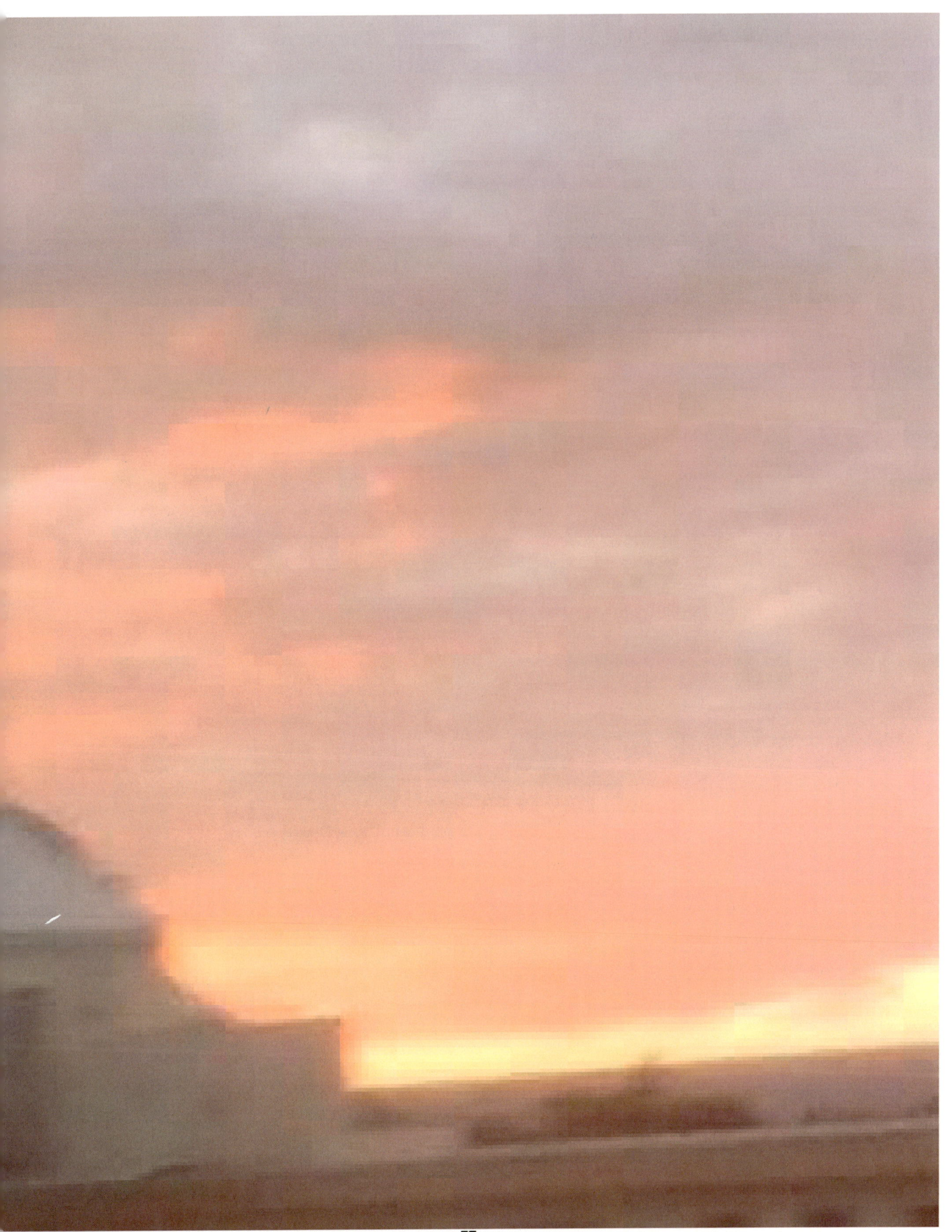

RECUEIL 3

Mer ou Femme mère

L' étrange mer !

Je marche sur cette plage

Pieds nus sur le rivage

Vue infinie

Une promenade éblouie .

La mer parle à mon corps

Le flux mouille mes cors

Le reflux s'éloigne pour un pardon

L'eau revient en abandon

Dans une crique isolée

Aucun regard indiscret

Nue allongée

Je me donne à la mer agitée

Des étreintes de ses bras musclés

Les vagues embrassent ma peau bronzée

L'étrange mer

En osmose avec cette exotique femme mère !

Lucye Raye 23 /12/2017

L'exotique femme mère .

Femme à la peau basanée

Les yeux couleur café

Elle virevolte comme la houle

Elle chante ses histoires pour la foule

Accompagnée d'un cor harmonieux

Elle crie avec les cieux

Un appel de sa douleur à la mer

Le reflux et les embruns sont amères

Femme pathétique face à sa colère

La mer nettoie ses maux

Le flux avale ses mots

Pour une guérison

Un pardon

Rejeter le poison

Suturer les plaies dans un cœur de foi

Exotique femme est une fille de joie

Avec l'océan

Comme amant .

LUCYE RAYE 23/12/2017

CURIEUSE ...

L'étonnante mer

Curieuse mère

Ô MER

Quand tu me prends dans tes bras ballotants

Allongée sur la plage de coquillages

Tu balaies mon visage

Tu me caresses de tes vagues inlassablement

Très drôle quand tu recules

Mer étonnante

De mousse ébouriffante

Tu ne meurs jamais, tes gestes s'accumulent

Je m'étire plus près de toi

Curieuse mère

Je recherche l' incroyable mer

Toujours avoir ce goût salé sur moi !

Ô MER

Pacifique

Maléfique

Lors de tes colères

Ô étrange mer

Tu embrasses la femme et sa terre !

LUCYE RAYE 23 /12/2017

Mon affluence .

Écrire me permet de me dépasser

D'être en confiance avec mon MOI

Connaître les limites sans me décourager

L'écriture accentue ma Foi :

Pour l'autre , pour le monde de demain

Mon affluence pour croire à la Vie

Dessécher la terre du jardin

Métamorphoser le désert en une prairie .

Ma plume s'évade avec ma concentration

Mes encres butinent les fleurs de lettres

Mes quatrains s'enivrent de passion

Je m'envole au-dessus des êtres

Transcendance dans la splendeur

Aucun acte manqué : que du bonheur!

LUCYE RAYE 6/12/2017

Innocence du temps !

Comme l'innocence d'un enfant

Savourer le temps :

Trop souvent en colère ,

Le sucré s'est enfui vers la mer !

Les embruns demandent pardon

D'avoir pris cette saveur en agression

Même le miel se fait rare

Les abeilles expatriées sans leur dard

Le temps se fait marionnette

Il refuse les sucettes

Le maître tire les ficelles

L'horloge est hagard sur la scène virtuelle

Les spectateurs sont absents

Les adultes têtes baissées n'ont plus le temps

Ils passent en courant

Car le rêve a chaviré leur vie d'avant !

Le temps n'a plus le temps

D'apprécier ni de déguster

Et c'est une poupée de chiffon

Qui ferme le rideau marron

Il n'est pLus de velours

Disparu la cour

Emprisonné , l'homme laboure

Pas sa terre mais le béton sans retour

Il façonne sa liberté

Il dessine sa pureté

Avec rage et vivacité

Pour gommer les cruautés

Les pierres griffonnées au charbon

Les mains noircies caressent sans abandon

Le temps a fichu le camp

Avec tout l' argent

Il est devenu une bête de somme

Un réveil sans l'homme

Sur la balançoire , on le pousse

Aucune force pour la rescousse !

Le temps a pris tout

Même les parfums et les houx

Le ciment de mots est rougi

Par le sang et les cris !

Un essai de pardonner au temps

Car il est innocent

C'est la faute des gouvernants

Ils manipulent si bien les gens !

Mais ne soyons pas "moutons"

Et nos lettres continueront

A distribuer des bonbons

Vivre pour de bon .

LUCYE RAYE 1/12/2017

VENT D'AIMER .

Une fine bruine tape contre les carreaux

Les arbres se sculptent à peine humides

Des cœurs pleurent avec le brouillard fluide

L'alizé me parle tout haut :

Les paroles sifflantes atteignent mes vibrations

Mes sanglots ont rejoint ce tumulte

Les retenir avant la chute , que je les exulte !

Ce vent pluvieux veut éclater ma passion

Tout vibre dans ma demeure

Tous mes sens s'interrogent sur le verbe aimer

La nature ne peut résister

Elle s'embrasse pour un fragile bonheur

Le plaisir de désirer avec la musique de l'air

Fait vibrer les vers de mon univers .

LUCYE RAYE 17 novembre 2017

Volcan : FEMME .

Le volcan gronde maintenant

Ses laves ont rejoint l'océan

Et du fond de ses entrailles féeriques

Est née une femme poétique

Plus forte que les cyclones

Elle survole avec les drones

Et dans cette mer étrange

Elle dort avec les anges

Elle fait l'amour avec le soleil couchant

Elle s'extase au levant

Des rêves de cet amant

Dans les bras de la mer

C'est une étrangeté cette mère

Car sont nés des fils unis à la terre

Pourtant ... L'océan est leur père

Ses longs cheveux flottent avec l'alizé

Elle s'abandonne en épouse sur un voilier

Ses enfants sont devenus grands

Elle va se reposer au pied de son volcan .

Elle est heureuse maintenant

Elle a un autre amant

Elle est devenue femme volcan .

LUCYE RAYE (23 décembre 2017)

Dénouement (texte inédit)

Main de la Mère .

Ma main est sur cet océan

Mon cœur s'y pose avec le vent

Il capte tous les rayons

Ma poésie un réel tourbillon !

J'ai le cœur sur la main

Je joue avec les nuages malins

Je tangue mon corps de femme

Sans vague à l'âme

L'océan est dans le creux de mes doigts

Je l'ai dompté avec ma plume d'oie

Je n'ai plus peur des houles

Je navigue au gré de la foule !

Quand la mer est d'huile

Ma main se couvre de tuile

Mon cœur , une maison de la passion :

La main de la Mère

Et les yeux de la Mer

Ont fait la transition

Dans mon exotique île avec son volcan

Mon nouvel amant .

LUCYE RAYE 5 /01/2018

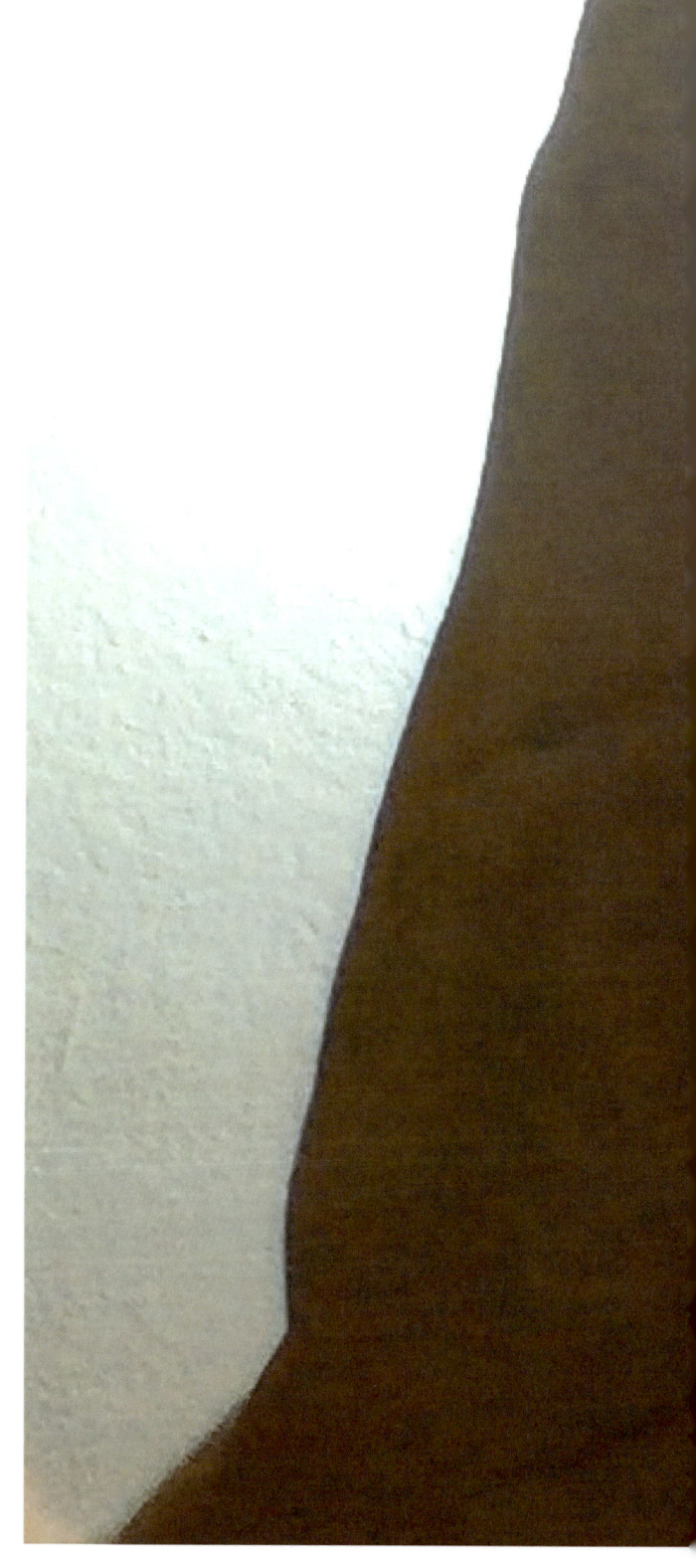

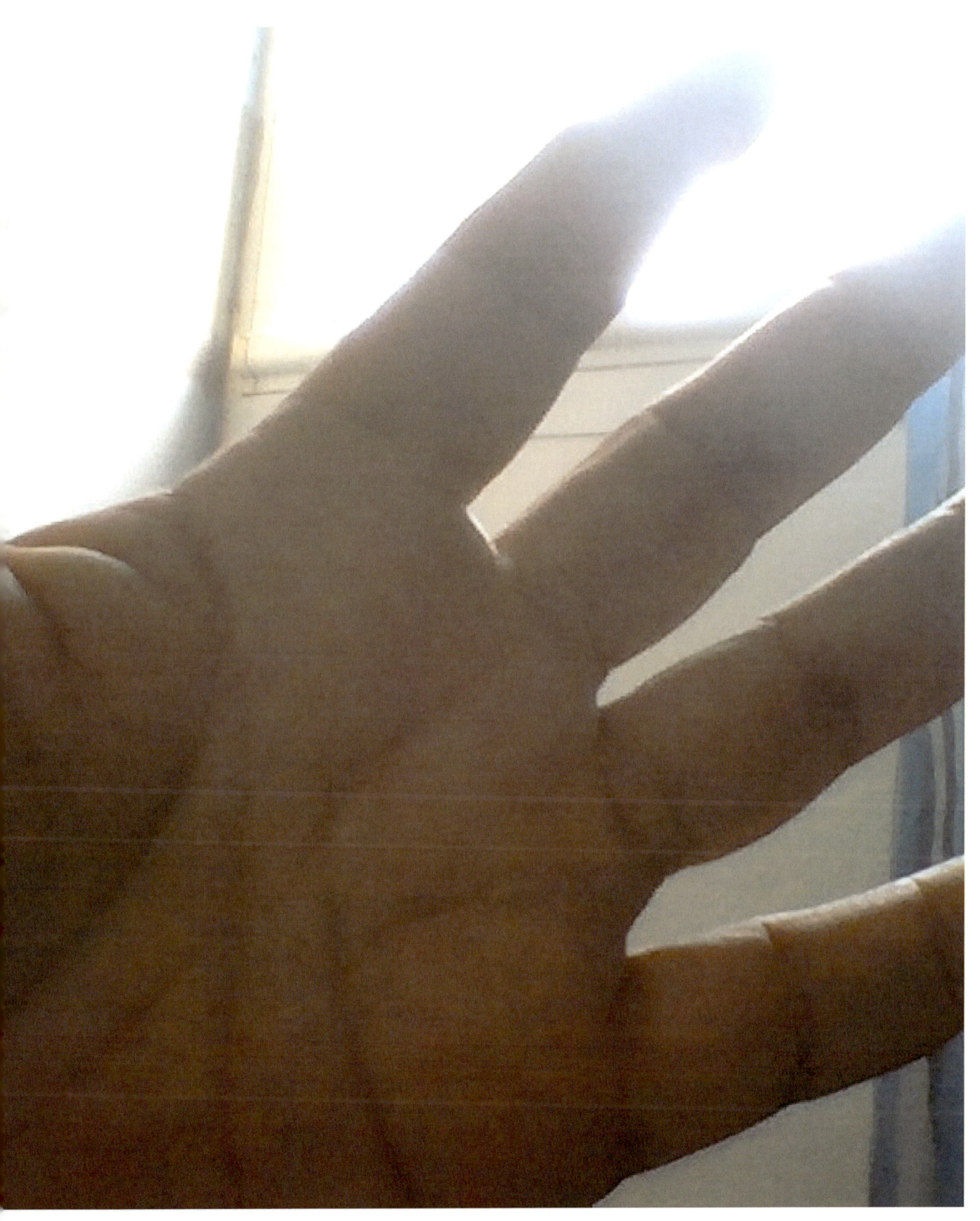

L'épilogue

FERMEZ VOS YEUX : oubliez vos difficultés pour un moment et avec l'effet d'ELLE…

La vie fera le reste … C'EST L'AMOUR QUI PEUT TOUT SAUVER…

L'éternelle Mer s'est unie à cette étrange Mère : la vie est si belle qu'elle vaut la peine d'être vécue .

Poétiquement vôtre :

LUCYE RAYE

Index et légendes*

Dans la première partie :

Bleu ...avec "des citations d'inconnus"

Quelques textes de deux recueils Sirène d'écriture et Liberté textes écrits entre 2008 et 2013 en Polynésie et à La Réunion

2 recueils au complet sur mon site https://www.lucyeraye.fr

Légendes des illustrations :

Photo de la poétesse

Des photos personnelles de mon album :

Ciel rouge avant le cyclone Béjisa le 31/12/2013 LA RÉUNION était en alerte rouge.

La mer (vol d'oiseaux) atoll en Polynésie (dont 1 photo de couverture)

Couleur de la mer (Polynésie)

Photo du coucher du soleil à Saint Denis de La Réunion

Pleine lune à Saint Denis

La main de la poétesse (dénouement)

*Vini : téléphonie mobile en Polynésie française

*Jenny cyclone dévastateur le 28 février 1962 à La Réunion

Biographie LUCYE RAYE

Marie Lucie Mayot Crescence(Poétesse) : J'écris depuis mon enfance sous le pseudonyme de Lucye Raye née le 4 avril 1954 à Cilaos Île de LA RÉUNION (974)

9 recueils en autoédition Blurb (vente en ligne numéro ISBN)

 dépôt à la BNF

3ème de classement de la ligue des poètes 2017

 2ème de classement des poètes de la ligue des poètes 2016

 Correspondance de poésie en liberté océan indien (concours de poésie pour les jeunes) depuis 2015 !

Mon site depuis février 2015 https://www.lucyeraye.fr

Participation pour le livre " Réunion vue de l'espace " en 2014

Photos de l'astronaute **Pavel Vinogradov**

1er prix de poésie CRDP Polynésie en 2009

Retraitée de l'Éducation nationale

 Chevalière des palmes académiques

Remerciements

A mes enfants et petits enfants

A Jean Marc Muller (Jean Marc Poésie de POÉSIE EN LIBERTÉ)

A tous mes lecteurs

Avis d'un ami poète pour quelques textes inédits :

Nature morte : poésie inédite en Prélude " Il est puissant et non fort ! Il parle à l'âme en vérité !"

Main de la mère : en Dénouement " Magnifique et bien dans ton inspiration vagabonde "!

Union des lumières " : Quelle fascination "

Je n'existe plus " : Texte bouleversant "

Table des matières

INFINI Poème

1 Je n'existe plus (inédit)

2 Les yeux de la mer (prose inédite)

3 Union de lumières (prose inédite)

4 Chant de nos saisons

5 Laves bleues de floraison

EFFET D'ELLE

Chapitre 1

Bleu

Auto édition BLURB

Protection des textes

Code de propriété intellectuelle !

Le code de la propriété intellectuelle interdit les copies ou reproductions destinées à une utilisation collective.

Toute reproduction ou représentation intégrale ou partielle
faite par quelques procédés que ce soit sans le consentement
de l'auteur ou ses ayants cause est illicite et
constitue une contrefaçon sanctionnée par l'articleL3
35-2 et suivants du code de la propriété intellectuelle.